LES

ÉTATS-UNIS

ET L'EUROPE

RUPTURE DE L'UNION — RECONNAISSANCE DU SUD

ABOLITION DE L'ESCLAVAGE

PAR

ÉMILE NOUETTE-DELORME

PARIS

E. DENTU, LIBRAIRE-ÉDITEUR

PALAIS-ROYAL, 13 ET 17, GALERIE D'ORLÉANS

1863

Paris. — Imprimé par E. Thunot et Ce, rue Racine, 26.

EXPOSÉ.

Témoin depuis deux années de la circonspection, de la timidité même avec laquelle les Puissances européennes en général et l'Angleterre en particulier apprécient les événements dont l'Amérique du Nord est le théâtre, nous hésitions jusqu'à ce jour à faire part au public des réflexions que nous a suggérées le spectacle de cette lutte implacable.

Mais en présence de la réponse négative faite par le ministère anglais à la proposition généreuse du gouvernement français, nous avons pensé qu'il était temps enfin d'envisager la question américaine avec une franchise à laquelle nous n'avons pas été habitués, tant sur le continent que de l'autre côté du détroit.

Malgré les causes de dissolution qu'elle porte depuis longtemps dans son sein, l'Union américaine est donc bien puissante, bien redoutable encore pour que l'on use avec elle de pareils ménagements ; pour que les journaux anglais, malgré leur désir évident d'assister à sa ruine, désir qui perce

dans chaque ligne de leurs articles, soient si timides, si ré-
servés dans leurs conclusions !

Et cependant on sait à quoi s'en tenir sur les sentiments
de l'Angleterre à l'égard de la grande République. On sait
avec quel œil de défiance et d'envie elle assiste depuis trente
ans au développement de sa grandeur.

Nous, que l'on n'avait pas habitués à tant de prudence et
de désintéressement; nous à qui les États-Unis doivent en
grande partie leur existence politique ; nous qui savons par
expérience combien la reconnaissance des peuples est peu
de chose, envisageons, sans crainte comme sans colère, la
position que cette guerre a faite à l'Europe, quels sont ses
véritables intérêts et ceux de toutes les nations maritimes,
enfin quels sont les droits de la morale et de l'humanité.

Nous le savons, la nation anglaise, si fière de ses droits,
si clairvoyante sur ses intérêts, n'a pas toujours été complice
de la politique incertaine et timide de ses gouvernants.
L'année dernière, lors de l'affaire du *Trent*, c'est elle qui,
traînant le ministère à sa remorque, le força, en manifestant
son opinion par un cri d'indignation universelle, à faire des
préparatifs immenses, à exiger fièrement la réparation de
l'outrage fait à son pavillon.

C'est elle qui, lors de la réunion du Parlement, dictera sa
volonté, jugera en dernier ressort de ce que l'on doit faire
et fera agir le ministère, à moins qu'elle n'aime mieux confier à d'autres le soin de gouverner et représenter le pays.

Nous avons dit plus haut qu'en général la franchise avait
fait défaut dans les organes de l'opinion publique; nous allons expliquer ici notre pensée.

I. — Au milieu de beaux discours pleins d'une chaleureuse
philanthropie, mais qui n'ont nullement contribué, soit à
améliorer dans les grandes villes du Nord le sort des noirs,
soit à leur rendre la considération à laquelle a droit toute

famille de la race humaine, sans acception de couleur; au milieu, dis-je, de toutes ces théories déclamatoires, quel paraît être le véritable but des amis de l'Union? Maintenir à tout prix cette intégrité qui leur permettait d'aspirer au premier rang dans le monde ; de détrôner l'Angleterre en lui enlevant l'empire de l'Océan, en la forçant plus tard à baisser son pavillon devant le *balai* de leurs écumeurs.

Les habitants de Boston, de Philadelphie, de New-York surtout ne s'en cachent guère. Dans leur orgueil yankee, ils entrevoyaient *naguère*, avec complaisance, le moment peu éloigné où l'Union compterait 5o millions d'habitants et même davantage, et pourrait enfin renvoyer chez elles toutes les couleurs européennes.

Le dépit de voir leurs rêves détruits est la cause de l'acharnement qu'ils apportent à cette guerre.

Quant à l'abolition de l'esclavage, ce but, dont certains journaux nous entretiennent sans cesse, voilant ainsi la vérité pour flatter l'opinion publique en Europe; qui s'en souçie dans le Nord ! M. Lincoln ne vient-il pas d'être vertement blâmé pour avoir osé parler (comme mesure coercitive) de confisquer et libérer les esclaves des *États révoltés*? Et nous savons tous comment il a dû se disculper du crime de sympathie pour la race noire.

II. — Quant au Sud : sans doute il veut conquérir son indépendance, son autonomie, se séparer d'une race complétement étrangère à la sienne sous tous les rapports, de mœurs et d'habitudes différentes.

(Il y a des Anglo-Saxons dans tous les États, je le sais, mais ils sont en minorité dans les villes du Sud, et, sous deux climats aussi opposés que ceux de Boston et de la Nouvelle-Orléans (1), les mœurs sont trop dissemblables pour

---

(1) Le climat de l'Allemagne du nord comparé à celui de la côte d'Afrique.

qu'il puisse y avoir communauté d'intérêts et d'affection. —
L'Union devait se dissoudre tôt ou tard.)

Il veut tout cela ; mais veut-il abolir l'esclavage, une institution abhorrée que la morale et la religion repoussent ?
Jusqu'ici ses défenseurs se sont abstenus de toute promesse
à ce sujet.

Nous ne voulons pas nous étendre davantage en ce moment sur toutes ces considérations qui forment une partie
de notre travail.

Voici entre quels adversaires l'Europe va avoir à choisir.

D'un côté, un peuple qui se croit appelé à jouer un rôle
immense dans la domination de l'univers ; un peuple dont
l'on peut encore en ce moment *écraser dans l'œuf* les gran-
deurs futures si menaçantes pour tous ;

Un peuple qui ne nous saura nul gré de notre abstention
et reprendra bientôt, avec ses rêves évanouis, ses habitudes
de morgue et de fierté à l'égard des autres puissances, s'il
parvient à reconstituer l'Union.

De l'autre, un peuple qui veut s'émanciper, conquérir son
indépendance, et qui payera notre intervention opportune au
profit de la morale et de la justice.

Que devons-nous faire ? Quel mobile doit nous guider ?

L'intérêt de la France ! qui est aussi celui de la grande
famille européenne et de toutes les nations civilisées.

Mais nous devons en même temps prendre en main la
cause de l'humanité ; nous devons nous efforcer d'obtenir
toutes les concessions compatibles avec les besoins moraux
de l'époque et l'avantage de tous.

Ces matières vont être l'objet de notre étude et de nos
réflexions.

PREMIÈRE PARTIE.

DU PASSÉ POLITIQUE DES ÉTATS-UNIS ET DE LEUR AVENIR AVEC L'UNION.

Nous venons d'énoncer clairement ci-dessus quel résultat nous souhaitions à la guerre actuelle, en émettant le vœu que l'Europe vînt aider, s'il le fallait, à cette solution désirée, c'est-à-dire à la rupture de l'Union.

L'histoire des États-Unis depuis leur existence, celle de leurs tendances politiques en contient surabondamment les raisons.

Sans entreprendre ici cette histoire, soit avant, soit depuis la déclaration de l'Indépendance, nous allons donner la liste des 13 États qui composaient primitivement l'Union en 1788. Nous donnerons ensuite, par ordre de date, la liste de ceux qui ont été annexés.

Ces États sont : New-Hampshire, Massachusetts, Rhode-Island, Connecticut, New-York, New-Jersey, Pennsylvanie, Delaware, Maryland, Virginie, la Caroline du Nord, celle du Sud et la Géorgie.

Puis, autour de ces contrées situées sur les côtes de l'océan

Atlantique, de Portland à la presqu'île de Floride, et dans le golfe du Mexique jusqu'à l'Alabama ; autour de ces contrées, dis-je, s'étendaient d'immenses solitudes habitées par les peuplades indiennes.

A mesure que les émigrants affluaient d'Europe, ils s'avançaient dans l'ouest refoulant les Indiens devant eux, et ces derniers furent enfin confinés du Missouri à la Rivière-Rouge et aux montagnes Rocheuses. (Nous avons tous lu les intéressants ouvrages de Fenimore Cooper, qui contiennent de grands détails sur ce sujet, et qui sont plus véridiques qu'on ne le croit généralement.)

La vie nomade des premiers colons, chasseurs ou pêcheurs toujours en marche dans d'immenses savanes, développa leur goût inné pour les aventures, et bientôt ils parcoururent toutes les régions centrales de l'Amérique du Nord.

Pionniers de la civilisation, comme l'a fort bien dit l'écrivain américain, ils précédaient les colons, leur indiquaient les vallées fertiles, les contrées habitables.

Remarquons en passant, que lorsqu'on avance vers le centre ou retrouve principalement, comme propriétaires et cultivateurs des terres, des émigrés allemands, irlandais, alsaciens et autres dont les mœurs, plus calmes, plus champêtres que celles des premiers occupants, se pliaient mieux à la vie paisible et stationnaire qu'exige la culture.

Mais revenons vers les côtes, où nous pourrons reprendre notre nomenclature historique et enregistrer les agrandissements de l'Union.

En 1791, on détache le Vermont de New-York pour en former un quatorzième État, puis le Kentucky de la Virginie en 1792 ; en 1796, le Tennessee est détaché de la Caroline du Nord.

En 1802 l'Ohio, maintenant un des États les plus peuplés de l'Union, est formé d'un territoire.

En 1803, la Louisiane est achetée à la France.

La Nouvelle-Orléans, son ancienne capitale (1) et la ville la plus importante de l'État, se trouve actuellement sous la férule d'un des généraux de l'Union, venu avec une expédition du Nord, *le terrible avocat Butler* qui, vu à distance, nous ferait assez l'effet d'un capitan de l'ancienne comédie, s'il n'avait pas ensanglanté la scène.

Puis, de 1816 à 1821, on créa les États de l'Indiana, du Mississipi, de l'Illinois, de l'Alabama, du Maine et de Missouri ; tant avec des parties détachées d'anciens États, qu'avec de nouveaux territoires conquis sur les Indiens.

En 1836, furent admis à l'Union, le Michigan qui se compose des contrées qui avoisinent les grands lacs intérieurs, et l'Arkansas, sentinelle avancée sur les bords du Mississipi.

En 1845, fut admise la presqu'île Floride, cédée depuis 1820 par l'Espagne, et qui avait enfin acquis le nombre d'habitants suffisant pour devenir État; on reçut aussi l'Iowa situé entre le Missouri et le Mississipi.

Puis ensuite, la république du Texas, qui s'était violemment séparée du Mexique et s'annexa aux États-Unis.

Jusque-là les conquêtes des États-Unis s'étaient opérées seulement sur les Indiens anciens propriétaires du sol, et d'acquisitions faites à la France et à l'Espagne.

Mais à cette époque commencent les annexions par la violence sur le seul voisin qui gênât leur expansion au sud et à l'ouest ; à l'ouest, vers l'Océan Pacifique, au sud, vers l'isthme de Panama. L'annexion du Texas (1845), de la Californie (1848), et du nouveau Mexique (Territoire) furent la conséquence de la guerre de 1842 entre les États-Unis et la république Mexicaine. Les troupes américaines occupèrent Mexico qu'elles eussent gardé volontiers, mais il n'était pas

---

(1) La nouvelle est Bâton-Rouge, sur le Mississipi

temps encore, et elles se contentèrent d'un traité de paix contenant la cession des contrées ci-dessus.

Chacun sait comment la découverte des mines d'or en 1848 et 1849, en attirant une foule d'émigrants européens, vint peupler rapidement la Californie et en fit un des États florissants de l'Union, qui paraît destiné à former, dans un avenir plus ou moins éloigné, le noyau d'une république ou confédération de l'Ouest.

Voici, en ajoutant le Wisconsin (État à l'ouest des lacs admis en 1846), l'Orégon (1848) qui est au nord de la Californie, entre l'Océan Pacifique et les montagnes Rocheuses; le Minnesota, situé au Nord de l'Iowa (1849), puis enfin le Kansas (1854) qui se trouve à l'ouest de l'État de Missouri; voici, disons-nous, la liste complète des 34 États composant dernièrement l'Union.

Joignons-y six territoires nommés Washington, Utah, Nébraska, Nouveau-Mexique, Arrisona, Indien, qui attendent le nombre d'habitants nécessaire pour leur admission, et nous aurons là nomenclature des membres de la grande famille avant la rupture.

Il suffit de jeter un coup d'œil sur la carte pour se rendre compte de la position prise par les États-Unis; ils ont franchi d'abord le Mississipi qui fut si longtemps leur barrière, puis les vastes déserts qui entourent les montagnes Rocheuses, pour s'étendre enfin jusqu'au Pacifique.

Voyons maintenant quel était le but de leur ambition.

Laissant de côté, quitte à y revenir plus tard, la Columbia et la Nouvelle-Bretagne qui les bornent au nord d'un océan à l'autre; leur ambition avant la guerre actuelle était évidemment de chasser du Mexique la race espagnole, de s'emparer des diverses petites républiques qui se sont formées dans l'Amérique centrale jusqu'à l'isthme de Panama, ou bien jusqu'au lac de Nicaragua ; ce qui leur eût permis, non plus d'exploiter un tronçon de chemin de fer, comme à Panama, mais bien de joindre les deux mers ensemble et de communiquer d'un océan à l'autre.

Mais la race humaine est insatiable ; il faut toujours un nouveau but à ses désirs, et l'on verrait renaître alors les anciens projets sur Cuba, Haïti et toutes les Antilles.

Avec un développement de côtes aussi étendu, leur marine prendrait une extension formidable, dangereuse pour l'Angleterre, tyrannique pour les autres nations, et comme nous le disions tout à l'heure, Albion serait sérieusement menacée pour ses possessions du Nord, les autres nations européennes pour leurs colonies et leurs comptoirs.

C'est ce but que l'Angleterre feint d'ignorer et qu'elle n'ose pas entraver pendant qu'il en est temps encore.

Nous ne dirons que quelques mots de leur organisation et de leur police intérieure ; car nous ne faisons pas la description des États-Unis, et nous ne nous occupons de ces matières qu'au point de vue politique.

Sans doute, c'eût été un magnifique spectacle pour le monde entier que celui d'une immense république s'étendant sur un continent deux fois grand comme l'Europe ; croissant chaque année en grandeur, en prospérité, accueillant toutes les infortunes, offrant un asile et du pain à tous les parias de notre vieille civilisation.

C'eût été un sublime exemple de voir trente millions d'hommes, puis cinquante, puis davantage encore, se gouvernant eux-mêmes sous un régime d'ordre et d'égalité, faisant vivre l'ancien continent avec les produits de leur travail et de leur industrie ; de voir une aussi grande multitude d'êtres humains de dix origines différentes exister dans la paix et le travail, comme les abeilles d'une ruche immense ; — Anglais, Irlandais, Allemands, Espagnols, Français et autres, — devenus tous Américains, coopérant, soit de leurs bras, soit de leur tête, à la prospérité générale.

Mais il n'est donné à aucune agglomération d'hommes d'offrir de pareils exemples, la perfection n'est pas de ce monde, et ce n'est pas en Amérique plus qu'en Europe qu'il faut aller la chercher.

Nous ne parlerons pas ici des grandes villes maritimes qui, en relations journalières avec l'ancien continent, ont pris plus ou moins, en apparence, nos mœurs et nos coutumes. Mais pénétrons plus avant dans l'intérieur, et nous serons témoins de scènes sauvages qui nous prouveront que la civilisation morale est encore au berceau dans le Nouveau-Monde. La peine du talion et le *self-government* remplacent trop souvent nos institutions judiciaires dont on peut médire quelquefois, mais en reconnaissant bientôt à quel point elles sont nécessaires à la tranquillité générale, à la sûreté de tous. Nous pourrions en citer maints exemples frappants, les journaux en fourmillent chaque jour ; mais ce serait sortir de notre cadre, ce serait franchir les limites que nous nous sommes imposées. Chacun en sait autant que nous à ce sujet. Tous ces vices sont inhérents à la nature audacieuse d'un peuple encore dans l'enfance, chez lequel chacun se protége et se gouverne soi-même. Il est fâcheux que ces mœurs, ces habitudes se dévoilent trop souvent à l'égard des étrangers, dans nos villes maritimes, par exemple, sur les quais de nos bassins ; dans les endroits par conséquent où ils se trouvent le plus en relation avec les Européens. Que serait-ce donc si les États-Unis se reconstituant, ils atteignaient à l'omnipotence des mers ?

Pour eux commencerait ce régime de paix armée des grandes puissances, qui les rend toujours préparées à la lutte, mais favorise l'agression et l'empire de la force.

Pour nous tous, peuples commerçants et maritimes de

l'Europe, la liberté des mers deviendrait un vain mot, la navigation un péril en face d'une nation habituée à tenir si peu de compte de la légalité et du droit des gens.

Touchant leurs relations avec l'Europe, rappellerons-nous ici les démêlés qui se sont élevés, depuis la déclaration de l'indépendance, entre les États-Unis et les différents États de l'Europe?

L'Angleterre, l'Autriche, l'Espagne, la France elle-même, se souviennent avec amertume des procédés américains à leur égard.

Après la guerre de 1812, qui ne se termina pas à l'avantage de l'Angleterre, celle-ci fut dix fois obligée de dévorer ses affronts pour éviter de nouvaux combats, c'est-à-dire la famine et le chômage de ses métiers. Mais comme la patience, lorsqu'elle dégénère en faiblesse, amène souvent des résultats opposés à ceux que l'on désire, elle n'a fait qu'accroître leurs exigences, et cependant les métiers du Lancashire sont maintenant (faute de matières premières) dans une inaction dont il est difficile d'entrevoir le terme.

L'Autriche se souvient sans doute encore de leur conduite dans le Levant, il y a quelques années.

L'Espagne eut aussi bien souvent maille à partir avec les États-Unis. Sans parler de l'antipathie naturelle entre les deux races, sa magnifique possession de Cuba, dernier joyau d'un écrin maintenant dispersé, sur laquelle les Américains ont les yeux constamment fixés, fut et sera toujours une cause de discorde et d'antagonisme avec eux.

On me répondra peut-être que Cuba était surtout convoitée par le Sud, afin d'augmenter le nombre des États à esclaves.

Mais le Nord eût accepté la conquête, si l'expédition avait réussi. Quant au Sud, la séparation aura tellement diminué son importance qu'il cessera d'être redoutable pour ses voisins ; il aura assez à faire de se défendre et de veiller à sa sécurité intérieure.

Nous ne nous étendrons pas sur les différends qui ont existé en maintes circonstances entre les États-Unis et la France, notamment sous le premier empire. Les deux pays sont liés par des relations commerciales fort étendues, et les places de France, Lyon surtout, doivent encore se souvenir du peu de bonne foi et de fidélité apportées par les gens du Nord, à l'exécution de leurs engagements lors de la crise de 1857.

Si tels ont été jusqu'ici les procédés des États-Unis à l'é-gard de l'Europe, que devons-nous attendre de l'avenir, s'ils parviennent à reconquérir le Sud? Je n'ai pas besoin de ré-péter combien leur audace s'en trouvera augmentée. C'est alors que, les yeux fixés vers un avenir de grandeur et de puissance, ils perdront tous ménagements pour les autres nations. Cette lutte que l'Angleterre, s'abritant derrière des principes qu'elle a violés tant de fois, craint d'engager en ce moment, il faudra bien l'entreprendre enfin avec moins d'a-vantage, moins de chances d'en sortir heureusement et d'as-surer à jamais la paix et la tranquillité des mers.

De ce travail, qui n'est pas un réquisitoire contre une grande et vigoureuse nation, mais l'exposé des causes qui doivent militer en faveur de l'intervention immédiate des Européens ; de ce travail, dis-je, la conclusion est facile à tirer.

La séparation définitive est un bien pour l'Europe, une nécessité pour la paix du monde, et nous devons l'obtenir par tous les moyens possibles.

En 1778, nous étions dans le vrai en cherchant à amoindrir la puissance de notre rivale, à détruire sa prépondérance sur mer. Les États-Unis sont en voie de supplanter l'Angleterre : c'est d'eux qu'il faut s'occuper maintenant. L'occasion est belle, la laisserons-nous échapper ?

Quant à l'Angleterre : le ministère tel qu'il se trouve actuellement constitué, marche-t-il en ce moment d'accord avec l'opinion ? Il nous est permis d'en douter en attendant la réunion du parlement et l'issue des débats qui vont s'engager.

Espérons encore que la proposition du gouvernement français trouvera un écho chez les hommes d'État prévoyants, et que nous n'assisterons pas à la restauration violente de l'Union dans les États du Sud aux abois.

Voilà notre *delenda Carthago*. — Plus indulgent que Caton, nous ne réclamons pas la ruine des États-Unis, mais nous voudrions les voir dans l'impossibilité de nuire. Les moyens d'arriver à ce résultat feront l'objet de notre seconde partie.

SECONDE PARTIE.

MOYENS POUR ARRIVER A LA RUPTURE DE L'UNION.
— DE L'ABOLITION DE L'ESCLAVAGE.

La reconnaissance des États-Confédérés doit, ce nous semble, être la première mesure à prendre du jour où l'Europe pèsera de tout son poids dans la balance et interviendra entre les deux nations.

Cette intervention n'a-t-elle pas eu lieu implicitement le jour où l'on a reconnu aux Confédérés les droits des belligérants ; le jour où l'Angleterre et la France, dans leur neutralité impartiale, leur ont accordé la même position qu'aux États-Unis ?

La reconnaissance authentique viendrait donner une force morale, une situation politique bien définie à cette nationalité au berceau, mais qui n'en existe pas moins réellement.

Après la reconnaissance du royaume d'Italie, et de la révolution de Grèce, celle des États-Confédérés n'est-elle pas bien légitime ? Ils sont constitués en État, avec un congrès et un gouvernement réguliers. Leurs armées ont remporté plus d'une victoire. Peu de gouvernements nouveaux ont présenté les mêmes garanties.

Les États-Unis verraient enfin qu'ils ne doivent plus compter sur la complicité muette de l'Europe dans l'exécution de leurs projets d'agrandissement ; que les grandes puissances ne sont plus disposées à souffrir comme en 1845 ces annexions répétées qui n'auraient pour limites, comme je l'ai dit plus haut, que l'isthme de Panama. Cette reconnaissance aigrirait contre les nations européennes, dira-t-on. Eh, que nous importe! s'ils reconstituent l'Union, ne faudra-t-il pas tôt ou tard courir contre eux les chances d'une guerre qui sera d'autant plus terrible qu'elle aura été plus tardive? Le moment est bon, profitons-en. Sans être les premiers agresseurs, prenons les mesures nécessaires pour la sécurité du commerce et des colonies européennes. Montrer de la vigueur en ce moment, c'est assurer la tranquillité de l'avenir et tout porte à croire qu'ils s'en tiendraient à des menaces et aux imprécations des journaux. Or, depuis bien des années, ceux-ci ne s'en sont pas fait faute à l'égard des Européens.

Touchant la levée du blocus devant les ports coufédérés : quand le commerce souffre, quand la fabrication manque de matières premières, quand cinq cent mille ouvriers et leurs familles sont dans la misère faute de travail; c'est montrer bien de l'abnégation, de la part des neutres, que de respecter une notification de blocus qui n'est certainement pas suivie d'un blocus effectif. On bloque quelques ports, mais on ne peut bloquer matériellement des côtes de 600 lieues d'étendue. Et ceci, à l'égard du peuple le moins scrupuleux de l'univers, qui se plaignait dernièrement au ministère anglais de l'armement du corsaire confédéré l'*Alabama*, après avoir tiré d'Angleterre pendant deux ans, ses fusils, ses canons, sa poudre, toutes ses munitions en un mot.

Mais la reconnaissance des États-Confédérés nous a faits *partie intervenante* dans la querelle, et nous ne devons pas

demander mais bien exiger la levée de ce blocus qui blesse
tous les intérêts européens. Le Sud reprendra courage, re-
trouvera par la vente de ses cotons de l'argent et des munitions en abondance. Alors les négociants de New-York crie-
ront plus haut encore en faveur de la paix, et il faudra bien
terminer cette guerre qu'il était si facile d'empêcher ; cette
guerre faite dans l'intérêt d'une fraction politique, qui pourrait durer toute la présidence de M. Lincoln, sans autre résultat que beaucoup de sang répandu et beaucoup de misères
amassées.

Le parti démocrate l'emporte en ce moment dans les élec-
tions des États les plus importants du Nord ; il aura sans
doute la majorité dans la prochaine assemblée. Faut-il donc
attendre dix-huit mois ou deux ans pour la fin de la guerre?
L'assemblée actuelle ne va-t-elle pas être bientôt sous la
pression de l'opinion? Toutes les hypothèses peuvent se réa-
liser ; mais de quelque manière que soit tranchée la question,
nous devons être partie intervenante à sa solution, et les mesures ci-dessus, prises en faveur du Sud, nous en donnent
le droit. Or la plus efficace serait certainement la levée du
blocus de ses ports.

Arrivons maintenant à la grande question de l'esclavage
dont l'abolition est le but réel de cet ouvrage, quoique nous
y tendions par d'autres moyens que les journaux partisans
du Nord.

Si nous restions tout à fait étrangers à la guerre américaine, il pourrait survenir tel arrangement monstrueux qui
serait une honte pour l'Europe aussi bien que pour l'Amérique.

Supposons un instant que, par impossible (nous y croyons
peu pour notre part), les passions se calmant des deux côtés,
après des concessions mutuelles, il survînt un accommo-
dement entre les deux parties, croit-on que les gens du Nord

hésiteraient beaucoup à sacrifier la race noire? Trop heureux de voir l'union rétablie, ils feraient bon marché de toute philanthropie, et seraient peut-être les premiers à offrir de pareilles combinaisons aux États-Confédérés.

Dans ce moment, au contraire, nous pouvons obtenir beaucoup du Sud, parce qu'il a besoin de nous. Sans doute, on ne peut pas lui demander de congédier immédiatement tous ses esclaves. Jusqu'ici l'esclave est une propriété, et ce serait vouloir la ruine d'un certain nombre de propriétaires, dans l'intérêt de la masse, qui se trouverait hors d'état de donner une indemnité suffisante. Mais on peut changer progressivement la nature du contrat qui lie le maître à l'esclave, ou plutôt en établir un; car la force qui soumettait le noir jusqu'ici n'établissait pas un contrat.

Quelques voyages accomplis dans notre jeunesse nous ont mis en rapport avec les noirs, tant dans les colonies françaises et autres (avant la révolution de 1848) qu'à Saint-Domingue, chez les noirs affranchis et constitués en État, ce qui nous permettra de poser quelques principes généraux qui serviront de base à une solution.

Le noir n'a pas autant de répugnance qu'on veut bien le dire pour un travail modéré. A l'état de liberté il travaille seulement le temps nécessaire pour se procurer les choses indispensables aux besoins de la vie. Mais à mesure que son état moral s'améliore ses besoins augmentent; il acquiert de l'amour-propre, le grand mobile de l'activité des Européens; il croit en lui, et si, plus heureux que ceux d'Haïti, il se trouve dans un État organisé régulièrement, il devient bientôt un rouage utile à la société, où il occupe sa place comme un autre, sur un rang moins élevé peut-être, mais tout aussi nécessaire.

A la Jamaïque, à la Barbade et autres colonies anglaises émancipées, à la Martinique, à la Guadeloupe, la population noire peut diminuer pour des causes particulières; mais nous ne savons pas que le travail ait tout à fait cessé, que ces colonies si fertiles n'envoient plus en Europe ni sucre ni café. Les états de la douane et de la navigation viennent tous les jours nous prouver le contraire.

En parlant du rang que peut occuper le noir, nous n'entendons pas lui assigner un rang politique. Il n'y sera pas apte de longtemps, et l'avenir démontrera ce que l'on peut faire à ce sujet. Ce sera beaucoup pour lui d'avoir conquis sa liberté, son existence sociale.

Il faut auparavant l'amener petit à petit, en favorisant son éducation première, à prendre cette place qui lui est due dans la société.

Le noir est tout aussi attaché à sa famille que l'Européen ; il aime sa demeure, si pauvre qu'elle soit, et déteste la vie nomade.

Partout où le régime du maître a été doux, paternel, il s'est attaché à l'exploitation, au domaine qui sont tout l'univers pour lui. Bien des maîtres l'ont eue cette douceur, cette indulgence pour leurs esclaves, et ne s'en sont pas mal trouvés.

Ils sont susceptibles d'éducation, d'instruction même, et nous en avons vu personnellement des exemples frappants. Seulement, ce n'est pas au maître, au planteur, souvent peu éclairé sur ses propres intérêts, qu'il faut confier l'éducation de l'enfant. C'est par mesures gouvernementales que de pareilles matières doivent être régies.

Si l'on parvenait à faire comprendre aux propriétaires du sol et des noirs que leurs terres seraient mieux cultivées par des ouvriers salariés, attachés à la plantation avec d'autres liens que ceux de la force ; qu'elles acquerraient plus de valeur en produisant plus ; que le bien-être public s'accroîtrait en mesure de la fortune des particuliers, peut-être les trouverait-on moins récalcitrants.

Nous voudrions voir établir une bonne fois le bilan du travail forcé et celui du travail libre. Nous sommes persuadé

que les résultats seraient, au point de vue mercantile, tout
à l'avantage de ce dernier. Malgré le salaire qu'il entraîne,
nous le croyons plus fructueux. En effet, si d'un côté nous
avons une dépense plus forte, nous avons en même temps
un travail plus considérable ; car on peut admettre sans exa-
gération qu'un travailleur libre fera, dans le même espace de
temps, un tiers de plus d'ouvrage et de meilleure qualité,
donnant un rendement plus fort par conséquent. L'esclave
travaille moins vite et fait moins bien. Il faut le nourrir et
l'entretenir, lui fournir gratuitement une demeure et un ter-
rain qui aide à sa subsistance. Il faut soutenir les vieillards
et les femmes incapables de rendre des services, ou qui élè-
vent les enfants. Ces enfants eux-mêmes sont à la charge de
l'exploitation jusqu'à douze ans au moins. Enfin, il faut bien
que le maître emploie en partie le produit du travail de l'esclave pour les besoins auxquels le travailleur libre emploie-
rait son salaire. Il le fait plus économiquement sans doute,
mais les revenus étant moins grands, cela revient au même.

Puis la propriété avec l'esclavage ne s'améliore guère, elle
est frappée d'immobilité. Dans les pays libres, au contraire,
sa valeur s'accroît tous les jours.

Les seuls qui auraient à se plaindre seraient les producteurs d'esclaves qui les accouplent pour vendre leurs enfants.
— *On a dit le métier très-fructueux.* — Ces producteurs sont
assez nombreux dans les États intermédiaires entre le Nord
et le Sud, qui sont à peu près entièrement occupés par le
Nord depuis le début de la guerre actuelle. C'est un métier
si triste, que nous n'avons pas à chercher les moyens de leur
trouver une indemnité. Lorsque deux nations en guerre font
la paix, on n'indemnise pas les corsaires, les pirates pour le
tort qu'elle cause à leur industrie.

On nous objectera sans doute l'antipathie, pour ne pas dire
la haine qui sépare les deux races. Raison de plus pour
prévoir les insurrections serviles. Les malheurs de Saint-

Domingue doivent servir de leçon aux aristocraties du sang et de la couleur ; ce serait un bien grand aveuglement que de ne pas savoir puiser dans l'histoire les leçons qu'elle nous offre, et risquer de tout perdre en voulant tout conserver.

Les blancs ne sont pas, dans les États-Confédérés, nous dit-on, en aussi infime minorité que ceux de Saint-Domingue. En cas de révolte des esclaves, ils pourront et sauront se défendre.

Sans doute, mais dans un moment de crise politique comme celle où sont plongés les États-Confédérés, il est toujours mauvais de laisser des ennemis derrière soi, surtout quand on pourrait en faire de bons et solides alliés.

Qu'il se trouve dans le Sud un homme d'État ayant assez de génie pour le comprendre, et les États-Confédérés sont sauvés. Ils auront plus donné à la race noire que leurs ennemis ne pourraient lui offrir, et ils éviteront le sort des républiques espagnoles, c'est-à-dire l'anarchie et la décadence. Au lieu d'avoir 6 millions de maîtres et 4 millions d'esclaves, ils auront 10 millions de défenseurs.

Voici, pour notre part, les mesures qui nous paraissent propres à arriver à ce grand résultat.

La première est tout naturellement l'abolition des châtiments corporels. Le fouet abrutit l'homme ; il lui enlève l'estime de soi-même, et, soit dit en passant, nous sommes pris d'un sentiment de tristesse et de dégoût en songeant qu'il règne encore dans plusieurs pays en Europe, dans l'armée de la libérale Angleterre, par exemple. Comme nous l'avons dit plus haut, c'est un bien pauvre travail que celui obtenu par de pareils moyens, et nous ne croyons pas que la marine française, entre autres, ait beaucoup à regretter de l'avoir vu abolir en 1848. Qu'un tribunal soit institué par circonscription déterminée pour écouter les plaintes du maître, pour juger des différends entre lui et son esclave, pour ordonner la punition s'il y a lieu.

Ayez un état civil pour les noirs comme pour les blancs. Il manque aux uns et aux autres en Amérique. Que le maître, auquel l'État, devenu par décret propriétaire de tous les esclaves jusqu'à l'abolition définitive, confiera ses noirs, ne puisse plus en disposer comme de sa chose ; qu'il soit appelé à rendre compte de la disparition du moindre d'entre eux.

Selon notre calcul, vingt ans d'un travail assidu feraient plus qu'indemniser le propriétaire de la perte de sa propriété humaine, et le mettraient à même de payer les salaires avec l'augmentation des revenus et la plus-value acquise à la propriété foncière. En vingt ans donc l'esclavage se trouverait entièrement aboli, et le planteur aurait des ouvriers salariés accoutumés au travail au lieu d'esclaves qui n'agissent que sous l'œil du commandeur.

On pourra nous objecter que les noirs, dans leur impatience d'être libres, n'attendront pas une aussi longue période et voudront être libres de suite. Nous répondrons que les noirs, nés dans l'esclavage, ignorent complétement ce que nous appelons *les douceurs de la liberté*. Dans l'état actuel, l'abolition des châtiments corporels leur semblera déjà une amélioration bien grande. Puis, lorsqu'ils verront le sort de leurs enfants assuré, les femmes et les vieillards infirmes à l'abri du besoin, comme nous le demandons plus bas, ils seront déjà plus résignés à leur sort que les parias de nos grandes villes. N'attribuons pas aux esclaves noirs des aspirations qui, chez les Européens, sont le fruit d'une éducation sociale à laquelle les noirs n'ont pas encore été admis. Le bien-être matériel est, quant à présent, le seul but de leurs désirs, le seul qu'ils puissent comprendre.

Que tout enfant naissant de parents esclaves, à partir de cinq ans après la promulgation des lois régissant la matière, soit libre de droit (il aura quinze ans lors de l'extinction complète), demeurant avec ses parents, sous leur autorité, mais ne devant rien à leur maître. Ce ne serait pas un privilége spécial, puisqu'à quinze ans, âge auquel un jeune noir est bon à quelque chose, il serait libre par la loi générale tout comme le noir de dix-huit, vingt et vingt-cinq ans.

D'ici à l'expiration de cette époque de transition, que tout vieillard de cinquante-cinq à soixante ans, que tout homme ou femme incapable de travail par maladie ou infirmité quelconque, qui a donné son temps sans salaire pendant de longues années peut-être, ait droit au repos qui lui serait garanti par la loi, en conservant sa demeure, et touche une indemnité de subsistance payée, soit par son ancien maître, soit par une caisse de secours formée d'une cotisation légère prélevée sur chaque propriétaire et administrée par l'État.

Que dès maintenant des écoles soient ouvertes pour l'éducation des enfants, où, de huit à douze ans, leur présence serait obligatoire sous la responsabilité des parents, et bientôt la nuit qui obscurcit l'intelligence de cette malheureuse race fera place à un jour suffisant pour leur position.

Nous ne parlerons pas ici d'une foule de prescriptions de détail dont les hommes pratiques qui se trouvent dans le Sud sauront mieux que nous fixer l'exécution. C'est aux propriétaires à voir s'ils veulent conquérir leur indépendance avec l'aide de l'Europe, en ayant égard à ses demandes, ou bien s'ils veulent retourner sous le joug du Nord, qui aura repris à jamais la prépondérance politique dans le gouvernement de l'Union et les traitera en vaincus.

De cette lutte désespérée, les confédérés ne sortiront pas sans sacrifices. Ne vaut-il pas mieux les faire à l'avenir politique, à l'indépendance de leur pays, qu'à une paix replâtrée dont ils payeraient les frais tôt ou tard?

Voilà les considérations que les puissances européennes peuvent faire valoir afin d'obtenir satisfaction à la morale, à l'humanité. Mais, pour en avoir le droit, il faut d'abord aider le Sud, le secourir par tous les moyens possibles, et le Nord devra céder tôt ou tard ; les intérêts de son commerce et de ses relations l'exigent ; déjà bien des voix se prononcent en faveur d'une solution.

Il est une objection que l'on m'a faite contre la possibilité de l'abolition de l'esclavage par les habitants des États du Sud eux-mêmes. Certains propriétaires, qui interprètent la religion à leur manière, seraient tellement aveuglés par les doctrines perfides que l'on prêche ouvertement dans les temples, qu'ils en sont arrivés à considérer l'institution au point de vue biblique, se regardant comme des patriarches vivant dans la voie du Seigneur, entourés de leur famille et de leurs *serviteurs*; pendant que le fouet du contre-maître lacère le corps meurtri de l'esclave indocile et le condamne sans appel aux châtiments les plus terribles.

Nous ferons la part du fanatisme aveuglé par l'intérêt; c'est, je crois, le pire de tous ; mais la nécessité est une dure maîtresse ; elle fait vite notre éducation, et je crois que la haine contre le Nord est poussée assez loin maintenant pour que les planteurs préfèrent s'attacher leurs esclaves plutôt que de se réconcilier avec les États-Unis. Dans tous les cas, ces exemples sont l'exception, si toutefois ils existent réellement ; et puisqu'un décret du gouvernement provisoire a pu abolir l'esclavage dans les colonies françaises, puisqu'un vote de la chambre des communes a pu l'abolir dans les colonies anglaises, une loi obtenue du congrès des États-Confédérés, dont l'application serait vaillamment poursuivie par le pouvoir exécutif, aurait sans doute le même succès et viendrait à bout des résistances particulières. C'est à ce prix seul que les États-Confédérés pourront vivre et exister politiquement.

Les mesures prises par l'Europe en faveur du Sud, et l'abolition de l'esclavage acceptée en principe par les États-Confédérés, amèneraient sans doute la conclusion d'une paix avantageuse pour les deux parties. Il resterait à régler entre elles une question bien délicate et bien épineuse, celle de la délimitation des frontières. Nous donnons ici nos idées sans vouloir les défendre à outrance contre les objections des hommes spéciaux, car elles sont nécessairement imparfaites. Posons d'abord en principe que cette frontière continentale serait purement politique, car les deux peuples auront besoin, ce nous semble, d'un union douanière pour vivre en paix et éviter des différends perpétuels. Ou, ce qui serait mieux encore, d'établir le libre échange, tant entre eux qu'avec l'Europe.

Le Sud aura contracté une dette considérable, quoique moins forte que celle du Nord.

Il lui faudra bien trouver un moyen d'en payer les intérêts.

Le moyen le plus simple, si la doctrine libre-échangiste devenait impossible, soit par le refus d'une des parties, soit par celui des nations européennes, serait de laisser subsister dans tous ses ports des droits de douane suffisants, mais assez modérés pour ne pas avoir à craindre la concurrence des ports du Nord; car ceux-ci joindraient au prix des marchandises achetées sur les marchés du Sud des frais de transport qui ne laisseraient pas que d'être assez considérables. Du reste, il serait facile d'établir à la sortie, dans les ports du Nord, si cela devenait nécessaire, un droit proportionnel perçu en commun au profit, soit des deux États, soit du Nord seul. Ce droit sauvegarderait le Sud contre les dangers de la concurrence.

Quant à la délimitation des frontières, le traité commercial en aplanirait les principales difficultés. Celles situées à l'ouest et au nord du Texas vers l'Indien et l'Arkansas n'offrent pas grand travail à fixer; il suffirait d'adopter les limites des anciens États. Quelques pouces de terre de plus ou de moins dans ces contrées inhabitées ne sauraient former l'objet d'un litige sérieux. Puis, nous remontons le Mississipi jusqu'au confluent de l'Ohio. Le cours de ce dernier fleuve jusqu'à Guyandotté, où il fait un coude du nord au sud et de l'est à l'ouest, forme une frontière naturelle bien suffisante qui est maintenant celle du Kentucky. Ici la difficulté commence. Quoique le Maryland soit un État à esclaves et appartienne au Sud par ses mœurs et sa production, il entoure complétement le district fédéral. Les États-Unis l'occupent en force, et n'accepteront pas facilement un arrangement qui leur enlèverait leur capitale. Il faudrait donc que le Sud se résignât à perdre une légère partie de la Virginie et que l'on employât le moyen de délimitation mis en usage pour les nouveaux États de l'Union, celui des frontières en ligne droite suivant un méridien ou une latitude.

En tirant une diagonale de Guyandotté jusqu'à Fredericsburg, on mettrait entre les deux capitales, Washington et Richmond, un intervalle suffisant, et le cours du Potomac resterait libre pour les communications maritimes de la capitale fédérale.

Du reste, Richmond n'est sans doute qu'une capitale provisoire, et il serait peut-être sage aux États Confédérés de choisir après la paix une capitale moins rapprochée de la frontière, comme Montgomery, Milledgeville ou Columbia. Bien des habitants du Sud regardent la Nouvelle-Orléans comme la vraie capitale des États-Confédérés. Le Sud est avant tout un État agricole. Sa capitale doit être à l'intérieur. La choisir sur les bords de la mer serait la mettre à la merci des puissantes nations maritimes, et l'occupation actuelle de la Nouvelle-Orléans peut servir d'exemple. Du reste, il est peu probable qu'après la conclusion de la paix les États-Unis conservent Washington pour capitale, quoique cette dernière soit comme la ville sainte de l'Union.

Le Kentucky et le Tennessee sont actuellemnt occupés par les troupes des deux adversaires, et si la confédération du Sud perdait tout ou partie de ces deux États, sa part serait belle encore et lui permettrait d'entrevoir un avenir de prospérité et de richesse. C'est dans le progrès, dans les réformes qui donneront satisfaction à la morale, à l'humanité, qu'il lui faut chercher le développement de ses forces et de sa puissance.

Nous n'avons pas parlé de la restitution de la Nouvelle-Orléans faite par le Nord, ainsi que de celle des autres points maritimes qu'il pourrait occuper à la fin de la guerre. C'est une condition absolue de tout traité de paix.

Nous ne voulons pas terminer ce travail sans dire quelques mots des États de l'Ouest et de la guerre du Mexique.

Les États de l'Ouest, dont l'existence politique ne remonte pas à plus de quinze ans, sont séparés des États du Nord par les montagnes Rocheuses, et surtout (limite plus infranchissable que les montagnes et les rivières) par des déserts immenses situés de chaque côté de la chaîne des montagnes Rocheuses et s'étendant jusqu'au Missouri. La sécheresse, le manque de cours d'eau pouvant arroser et féconder une terre sablonneuse et aride, empêcheront toujours la colonisation de ces solitudes, sauf sur quelques points isolés. Ces États (1) que 1,000 lieues environ séparent de New-York en ligne directe, forment donc une agglomération séparée. Quoiqu'un courrier prenant des voyageurs parte tous les quinze jours de New-York pour San-Francisco, traversant les États du centre, le Texas et le Nouveau-Mexique, nous croyons que le plus court est d'aller par mer à Aspinwall, de traverser l'isthme de Panama et de s'embarquer pour San-Francisco. Aucun intérêt politique (en dehors des relations commerciales) ne peut donc lier des populations ainsi éloignées les unes des autres.

---

(1) Ces États ou Territoires sont : Californie et Orégon (États). Washington, Utah et Nouveau-Mexique (Territoires) situés entre les montagnes Rocheuses et l'océan Pacifique, auxquels pourraient se joindre l'État de Kansas et les Territoires de Nebraska et Indien, entre les montagnes Rocheuses et le Missouri.

Et l'Ouest doit contribuer bien à contre-cœur aux charges de la guerre actuelle. Leur séparation n'est donc qu'une affaire de temps. Dès que les habitants de l'Ouest pourront vivre seuls, ils préféreront envoyer des députés à San-Francisco ou à Sacramento au lieu de Washington.

Ainsi se trouveront tout à fait détruits les rêves d'ambition des États-Unis. Il leur restera bien assez de puissance, d'étendue et de richesses pour former la première nation de l'Amérique du Nord, et pour conserver leur influence dans le monde.

Quant à l'expédition du Mexique, nous ne sommes pas au courant des secrets de la politique des gouvernements ; mais (quels que soient les griefs de la France et de l'Angleterre contre la confédération mexicaine, ils ne méritaient certes pas une expédition de cette importance), n'y aurait-il pas un autre but politique ? Pour empêcher les États-Unis (s'ils se reconstituaient), ou les États-Confédérés de s'agrandir dans le Sud vers Panama, nous trouverions nécessaire, quant à nous, l'établissement au Mexique, au lieu de l'anarchie qui règne dans ces belles contrées, d'un nouveau gouvernement dont l'existence serait reconnue et garantie par les puissances européennes. Le projet doit sourire à la France, comme toutes les grandes choses. Il est fâcheux que l'Espagne et l'Angleterre aient cru devoir se retirer et nous laisser le fardeau entier de l'expédition.

Espérons que quand nos soldats auront triomphé du climat et de Juarez, quand l'heure de compter sera venue, le gouvernement saura se faire indemniser de ses dépenses et de ses sacrifices ; que nos braves troupiers, enfin, n'auront pas retiré les marrons du feu pour tous les Bertrands de la politique.

Paris. — Imprimé par E. Thunot et C°, 26, rue Racine.

9 782013 372350